Jürgen Raff &
Brigitte Wohlschieß

Wie kommt das Wasser in die Teekanne?

Ein Bilderbuch für Groß und Klein rund um den Bodensee

W0402380

WO LIEGT DER BODENSEE?

Der Bodensee liegt mitten in Europa! Er ist eingekreist von Deutschland, Österreich und der Schweiz und ist der drittgrößte See in Mitteleuropa. Eine weitere Besonderheit ist der Rhein, der ihn durchfließt.

Deutschland

liegt im Norden des Sees und hat den größten Uferanteil. Das Allgäu und die Schwäbische Alb grenzen an die Bodenseeregion.

ÜBERFLIEGER INFO

Kleidung aus Lein oder Flachs, welcher in der Bodenseeregion angebaut wurde, ist im Mittelalter bis nach Nordafrika und Russland geliefert worden.

Schweiz

Sie liegt im Süden des Sees. Hier grenzen die Kantone Schaffhausen, Thurgau, St. Gallen und Appenzell an die Seeregion. Dahinter liegen die Alpen, die man vom See aus sehr gut sehen kann.

Am Bodensee und drumherum

Der Bodensee mit seinen Wasserstraßen war und ist eine wichtige Verbindung zwischen den Ländern, die an den See grenzen. In den Städten am See wurde mit den Waren aus dem Hinterland gehandelt, die mit Schiffen über den See transportiert wurden. Durch diesen jahrhundertelangen Handel lernten sich die Länder besser kennen und verstehen.

Österreich

liegt im Osten des Sees. Die Landschaft, die an die Seeregion grenzt, heißt Vorarlberg. Bregenz ist eine der Städte in der Bodenseeregion, die von den Römern gegründet wurden.

Das Fürstentum liegt am Alpenrhein, der später in den Bodensee fließt.

Liechtenstein

DAMALS VOR 20 000 JAHREN

Wie entstand die Bodenseeregion?
Die Bodenseelandschaft hat 25 000 Jahre gebraucht, bis sie so aussah, wie wir sie heute kennen. Hier die Geschichte im Zeitraffer.

Es gibt viele Arten, wie ein See entstehen kann. Unser Bodensee wurde vom Gletschereis geformt. In Europa gab es mehrere sogenannte Eiszeiten, 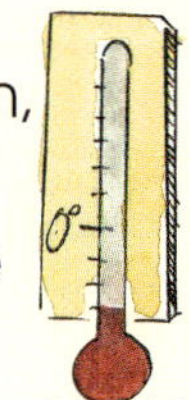 die letzte war vor 15 000 Jahren. Während einer Eiszeit blieb es viele Jahre extrem kalt und die Gletscher, die aufgrund dieser Kälte entstanden sind,  drückten in die davor liegenden Landschaften, weil sie in den Alpen keinen Platz mehr hatten und zu  schwer wurden. Gletscher bestehen aus Eis und sind mehrere hundert Meter dick! Ein solcher Gletscher  wuchs und wuchs und schob mit seinem enormen Gewicht ein riesiges  Loch in die Landschaft.

Dann wurde es wieder wärmer,  der Gletscher schmolz und zog sich dahin zurück, von wo er gekommen war: in die Alpen, wo es immer kalt bleibt. Als der Gletscher wieder verschwunden war, blieb das Loch zurück und um das Loch eine Hügellandschaft, die der Gletscher an seinem Rande aufgehäuft hatte. Das große 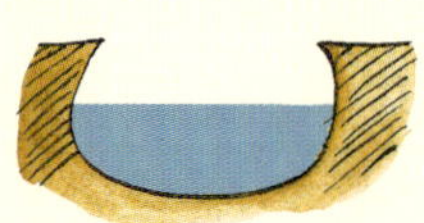 Loch füllte sich dann mit dem Schmelzwasser des Gletschers und wurde so zum Bodensee!

ÜBER FLIEGER INFO

Nach der letzten Eiszeit gab es so viel Schmelzwasser, dass der Bodensee bis nach Zürich reichte!

0°
-30°
0°
-30°
0°
0°
0°
10°

SO HABEN DIE MENSCHEN GELEBT

Überall an den Seen der Bodenseeregion gab es kleine Pfahlbausiedlungen. Allein um den Bodensee herum hat es etwa 100 gegeben. Da der Wasserspiegel von Seen je nach Jahreszeit unterschiedlich ist, haben die Uferbewohner auf Pfähle gebaut, so dass ihr Haus immer im Trockenen war. Außerdem konnten sie ganz nah bei einer ihrer Hauptnahrungsquellen – den Fischen – wohnen und waren geschützter vor ihren Feinden.
Zum Bau eines Hauses, bei dem alle mithelfen mussten, brauchte man von der Beschaffung bis zur Errichtung ungefähr 2 Monate. Gewohnt haben darin bis zu 8 Menschen, die sich eine Fläche von 6 m auf 4 m zum Leben und Arbeiten teilen mussten.

Schmuck

Auch damals schon schmückten sich die Menschen gerne, sei es aus religiösen Gründen oder um einfach nur schön zu sein. In der Steinzeit gab es aus Tierknochen oder -zähnen gefertigte Ketten, in der Bronzezeit sehr fein gearbeitete Armreifen, Ohrringe oder Nadeln aus Bronze.

Werkzeuge

Aus Feuerstein, der sehr hart und widerstandsfähig ist, wurden durch Schlagen und Drücken Messerklingen, Pfeilspitzen, Beile, Fellschaber, aber auch Getreidesicheln hergestellt. Außerdem konnte man mit ihm durch Aufeinanderschlagen Funken und somit Feuer entfachen.

Kochen und Essen

Gegessen wurde Angebautes, Gesammeltes und Erjagtes. Es gab oft Getreidebrei und einfaches Brot. Außerdem Erbsen, Linsen und Bohnen und je nach Jahreszeit Beeren, Hagebutten oder Nüsse. Milchprodukte, Eier oder gar Fisch und Fleisch kamen seltener auf den Tisch.

Kleidung

Die Keidung bestand entweder aus Tierhäuten oder -fellen oder aus gewebten Stoffen. Um weben zu können, mussten zuerst Fasern aus Flachs oder Baumbast gewonnen werden. Die Tierhäute wurden gegerbt und dann erst weiterverarbeitet.

HIER WOHNEN HERR UND FRAU VOGEL

Vögel brauchen ihren eigenen Lebensraum. Deshalb gibt es besondere Gebiete, in denen sie keine Angst vor den Menschen haben müssen.

STEINKAUZ

Er brütet gern in den Baumhöhlen der alten Streuobstwiesen und ist sehr nützlich, da er Insekten und Mäuse frisst.

STOCKENTE

Sie ist die größte und bekannteste Ente. Sie brütet am Boden und ernährt sich von Gräsern, Insekten und Würmern.

FLUSSSEE-SCHWALBE

Sie ist ein Zugvogel.

Sie baut ihr Nest gern an sumpfigen Stellen. Insekten und kleine Fische sind ihre Lieblingsnahrung.

SCHAFSTELZE

Sie ernährt sich von den Insekten, die Kühe und Schafe plagen. Daher kommt auch ihr Name. Sie brütet am Boden und verbringt die Winterzeit im warmen Afrika.

Dort gibt es Aussichtsplattformen zur Beobachtung von Vögeln.

Naturschutzgebiete

Wenn ihr dieses Schild seht, müsst ihr besonders Acht geben! Hier ist ein Ort, an dem Tiere und Pflanzen wichtiger sind als die Menschen. Wenn wir hier zu Gast sind, sollten wir leise sein und die Wege nicht verlassen, denn die Natur soll in Naturschutzgebieten so bleiben, wie sie ist. Mit etwas Glück kann man hier seltene Tiere und Pflanzen sehen.

GRAUREIHER

Er baut sein Nest auf Bäumen. Er bevorzugt Fische, Insekten und Mäuse. Selbst Ratten sind ihm nicht zu groß.

KORMORAN

Den Kormoran gibt es fast auf der ganzen Welt. Er baut sein Nest auf Bäumen und Felsen und ist ein Fischfresser.

HÖCKERSCHWAN

Der Höckerschwan heißt so, weil das Männchen einen Höcker über dem Schnabel trägt. Es bleibt sein ganzes Leben lang bei seinem Weibchen. Sie brüten am Boden und ihre Nahrung besteht sowohl aus Pflanzen als auch aus Insekten.

HEUTE NOCH IM SEE, MORGEN SCHON IM TEE

Spritz, plitsch, platsch! Bestimmt haben auch schon die Pfahlbaubewohner während der Sommerhitze ein erfrischendes Bad im See genossen, aber Wasser ist nicht nur zum Baden da.

Baden, Schwimmen, Spaß haben!

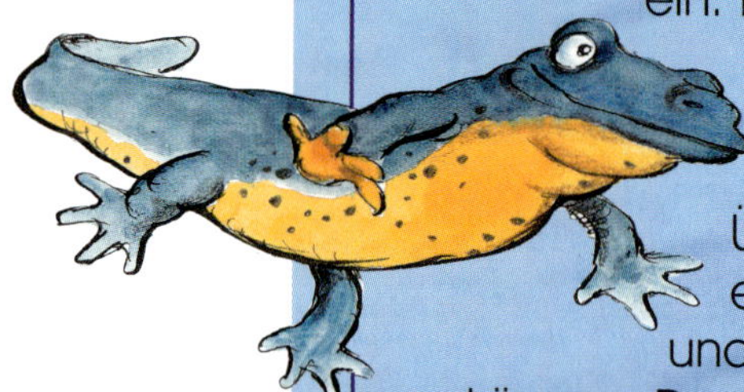

Der Bodensee lädt alle zum Baden und Schwimmen ein. Das Wasser des Sees ist gut und in warmen Sommern kann die Wassertemperatur durchaus auf 25°C ansteigen.

Überall um den See herum verteilt gibt es Strandbäder, in denen Erwachsene und Kinder tolle Tage verbringen können. Das Schöne an den Strandbädern ist, dass man dort ungestört toben und spielen kann. Keine Boote oder Schiffe, die einem gefährlich werden können, keine Tiere, derentwegen man vorsichtig oder leise sein muss! Da kann man ganz viel Spaß haben und den Bodensee so richtig genießen.

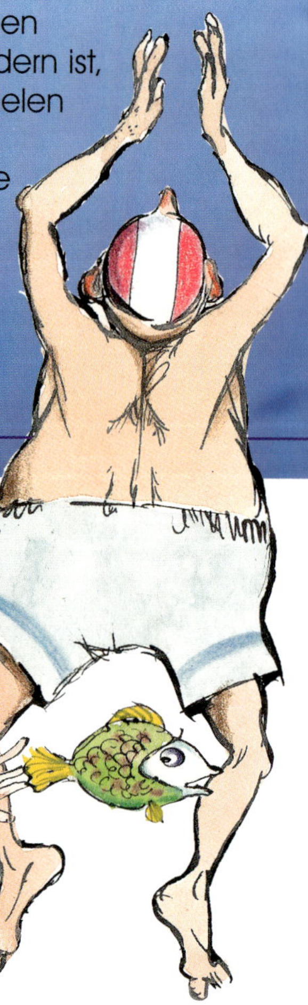

Wasser ist nicht allein zum Baden da.

Das gleiche Wasser, in dem ihr heute schwimmt, kann morgen schon in eurer Teekanne sein. Wie das funktioniert, seht ihr auf der nächsten Seite.

Obwohl das Wasser gereinigt und gefiltert wird, bevor es aus dem See in Küche oder Bad kommt, sollten die Menschen vorher schon sorgsam damit umgehen.

ÜBERFLIEGER INFO

Der Bodensee ist der größte Trinkwasserspeicher Europas und versorgt fast 5 Millionen Menschen mit Trinkwasser.

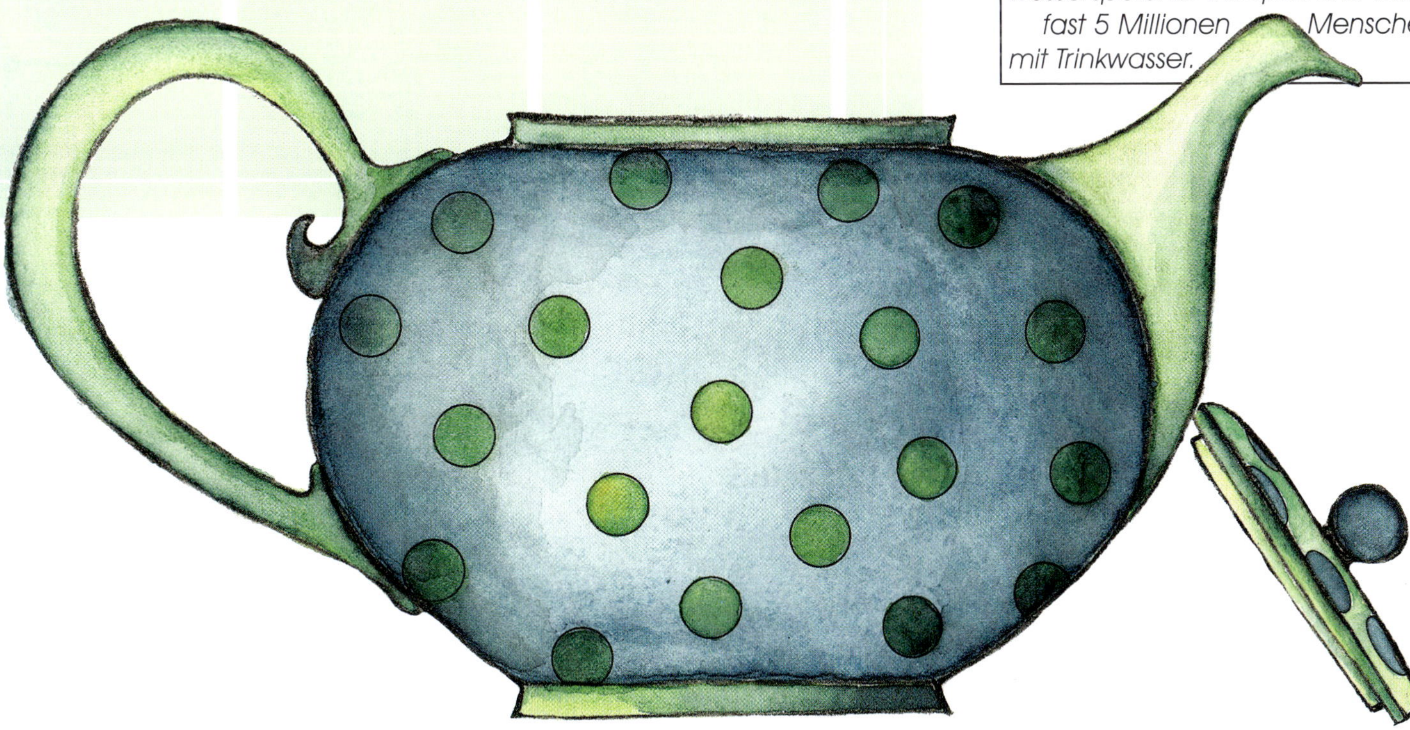

WIE KOMMT DAS WASSER IN DIE TEEKANNE?

4,5 Millionen Menschen bekommen durch die Bodenseewasserversorgung genug Wasser zum Leben. Wer weiß, wie kompliziert die Wassergewinnung ist, geht auch sparsam mit Wasser um!

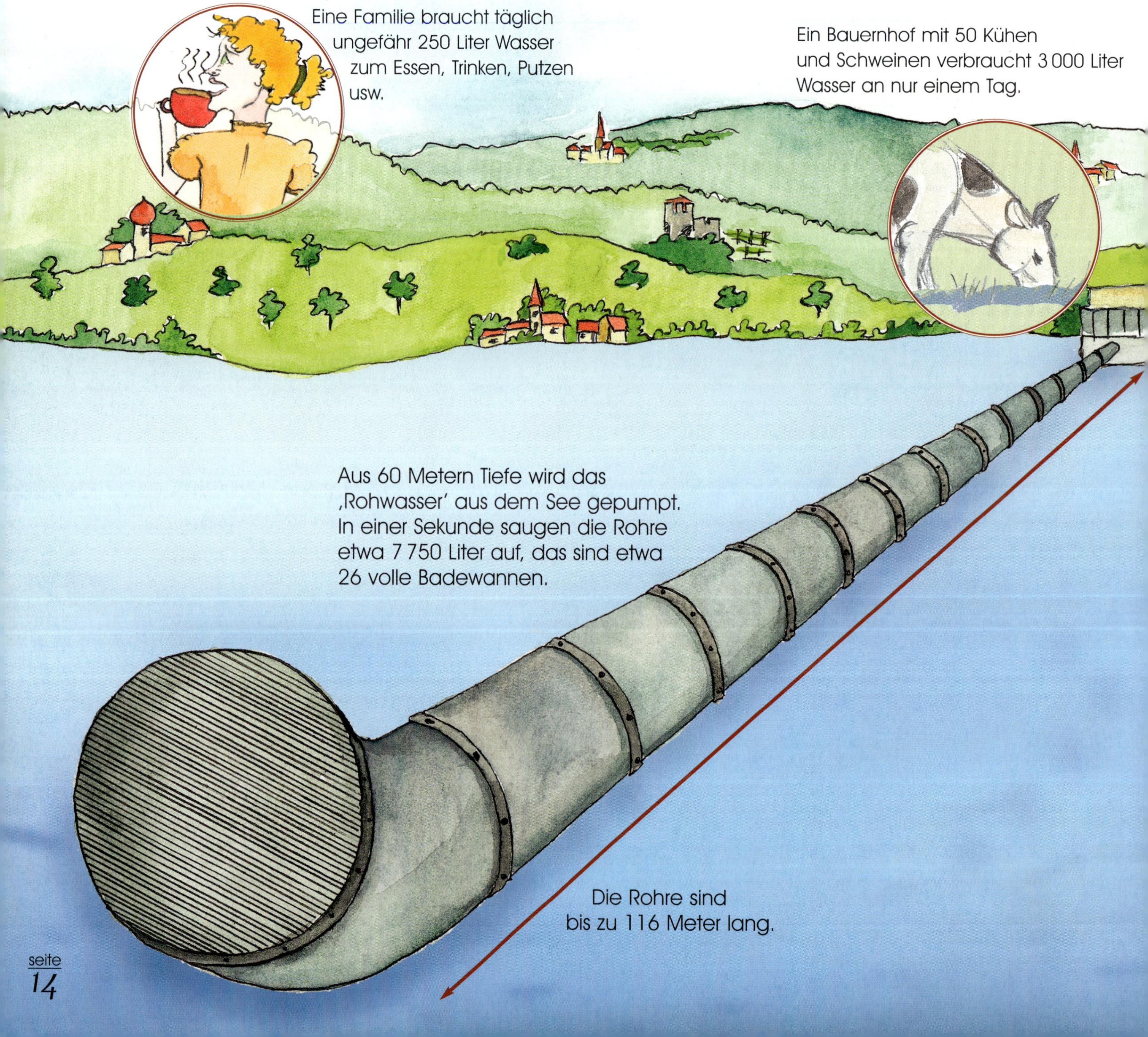

Ein Vollbad benötigt ungefähr 300 Liter Wasser.

Das passiert im Wasserwerk?

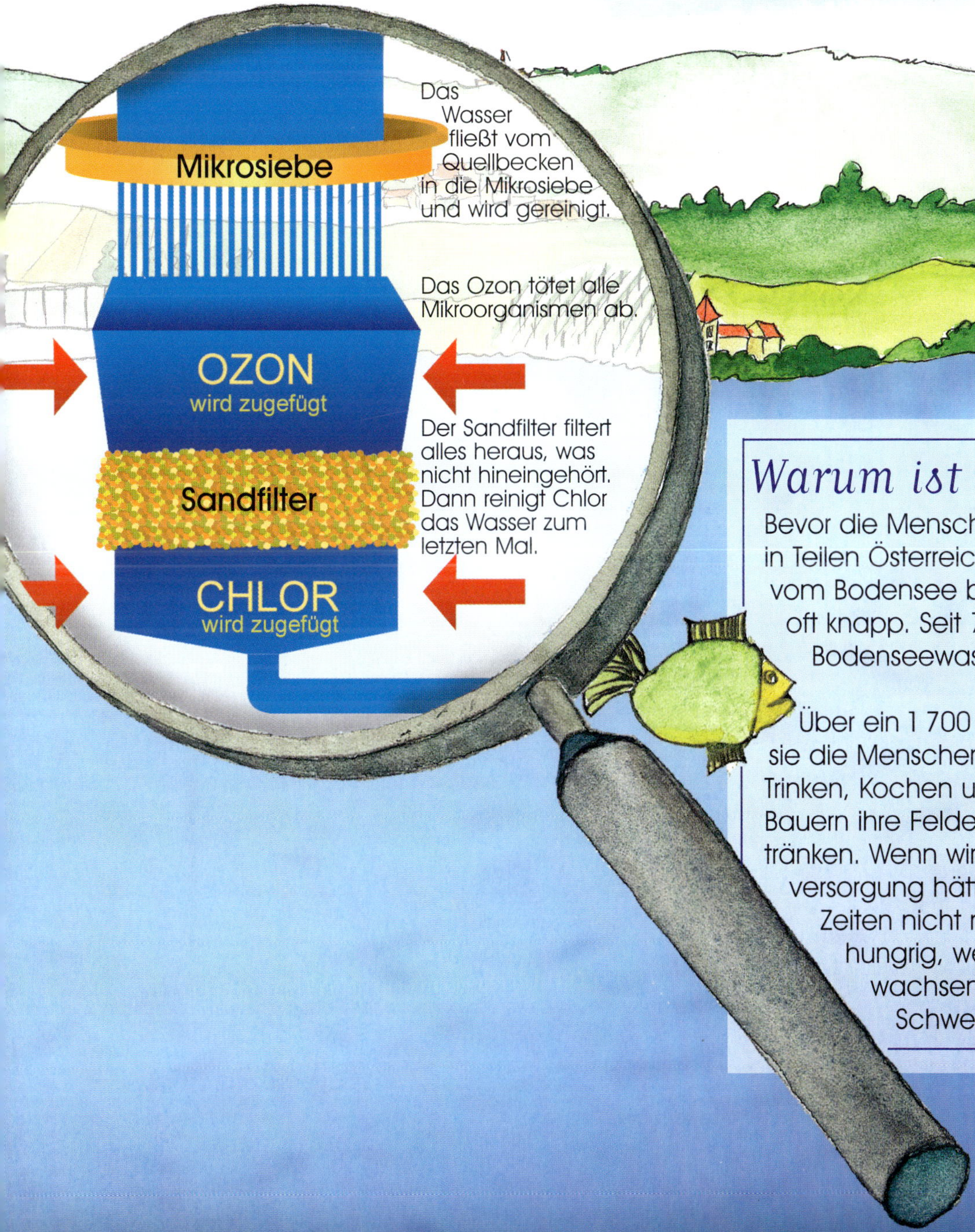

Warum ist Wasser so wichtig?

Bevor die Menschen im Süden Deutschlands und in Teilen Österreichs und der Schweiz ihr Wasser vom Bodensee bekommen haben, war Wasser oft knapp. Seit 75 Jahren gibt es deshalb die Bodenseewasserversorgung.

Über ein 1 700 km langes Leitungsnetz versorgt sie die Menschen nicht nur mit Wasser zum Trinken, Kochen und Baden. Sie hilft auch den Bauern ihre Felder zu bewässern und die Tiere zu tränken. Wenn wir keine zuverlässige Wasserversorgung hätten, wären wir in regenarmen Zeiten nicht nur durstig, sondern auch hungrig, weil Obst und Gemüse nicht wachsen würden und die Kühe und Schweine verdursten müssten.

SCHIFFE – AUTOS FÜRS WASSER

Für jeden Zweck gibt es ein eigenes Schiff oder Boot!
Menschen, die am See leben, kommen ohne Boote nicht aus.

Der Dampfer

Die Ausflugsschiffe werden ‚Weiße Flotte' genannt und zeigen den See von seiner schönsten Seite. Es ist angenehm und geruhsam mit dem Schiff von einem Hafen zum anderen zu fahren. Außerdem schont es die Umwelt, weil das Auto stehen bleibt. Über 4 Millionen Menschen im Jahr werden mit diesen Passagierschiffen befördert.

Das Fischerboot

Fisch war immer schon eine wichtige Nahrungsquelle am Bodensee. Heute gibt es ungefäh noch 200 Fischer, hauptsächlich in Deutschland und der Schweiz. Um etwas zu fangen, muss man sich mit den Fischen und dem See gut auskennen, weil man sonst die Fischernetze ins Leere wirft.

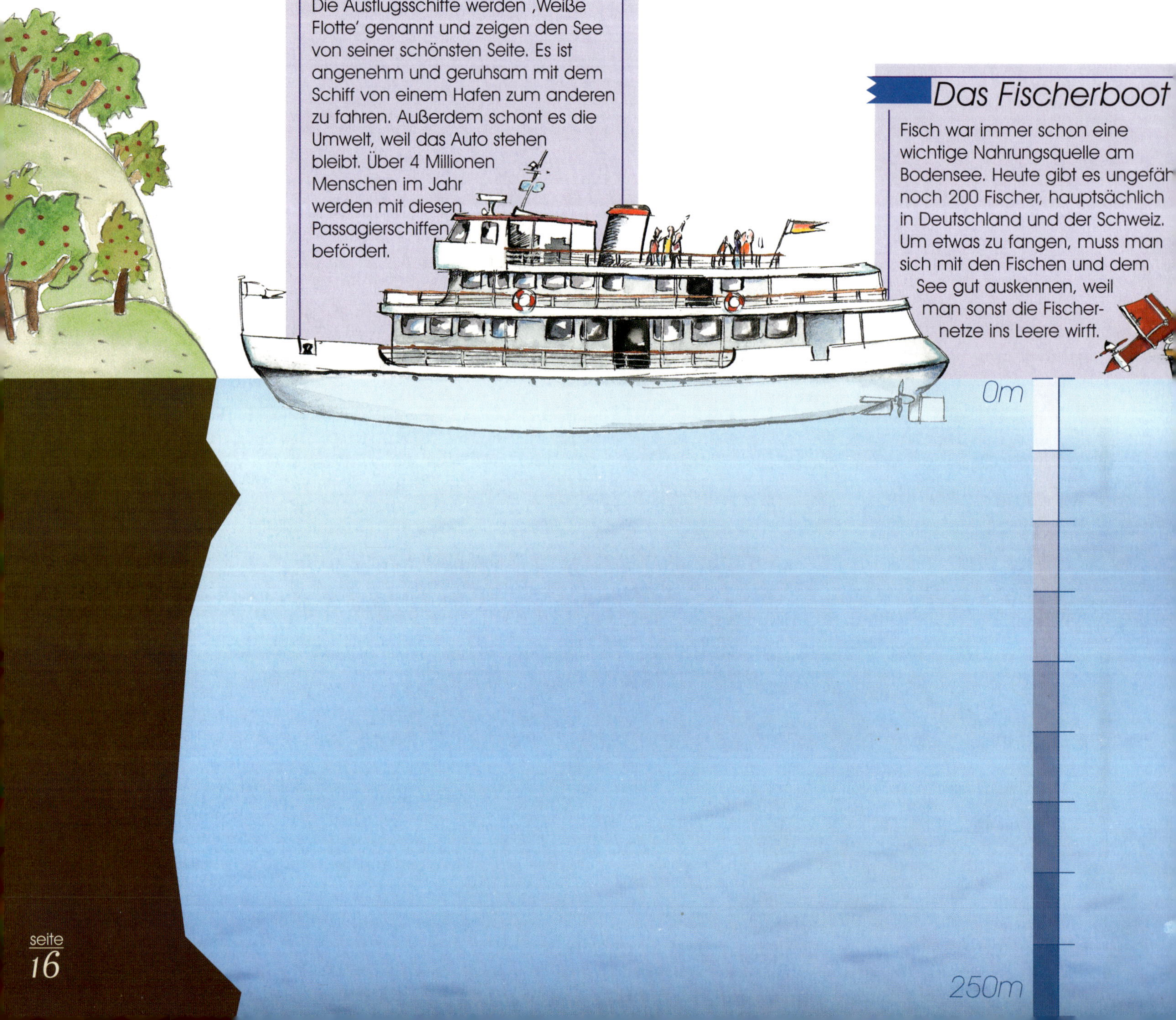

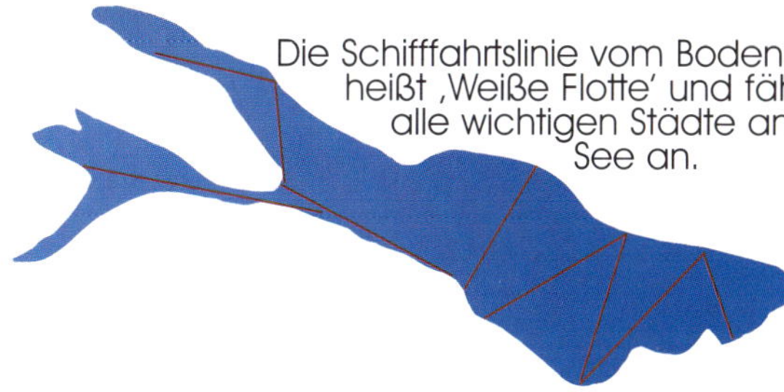

Die Schifffahrtslinie vom Bodensee heißt ‚Weiße Flotte' und fährt alle wichtigen Städte am See an.

Die Fähre

Fähren sind die schwimmenden Brücken des Sees. Wenn ich nicht um den See fahren möchte, fahre ich mit meinem Auto einfach auf eine Fähre, die mich von einem Ufer zum anderen bringt. Das ist nicht nur zeitsparend, sondern hilft auch der Umwelt. Nahezu 7 Millionen Liter Benzin werden jedes Jahr durch die sechs Bodenseefähren gespart und somit gelangen weniger Schadstoffe in die Luft. Und das seit 75 Jahren.

ÜBER FLIEGER INFO

Der Bodensee ist an seiner tiefsten Stelle 250 Meter tief. Das ist tiefer als die Ostsee. Den höchsten Wasserstand erreicht er Anfang Juli, wenn der Schnee in den Alpen schmilzt. Ende Februar steht das Wasser am niedrigsten, weil in den Vormonaten der Regen als Schnee auf die Erde gefallen ist.

NUR SO VIEL WIE NOTWENDIG

Wir dürfen nur so viel nehmen, wie die Natur bereit ist uns zu geben. Sonst können Menschen und Tiere schon in ein paar Jahren nicht mehr gleichberechtigt nebeneinander leben.

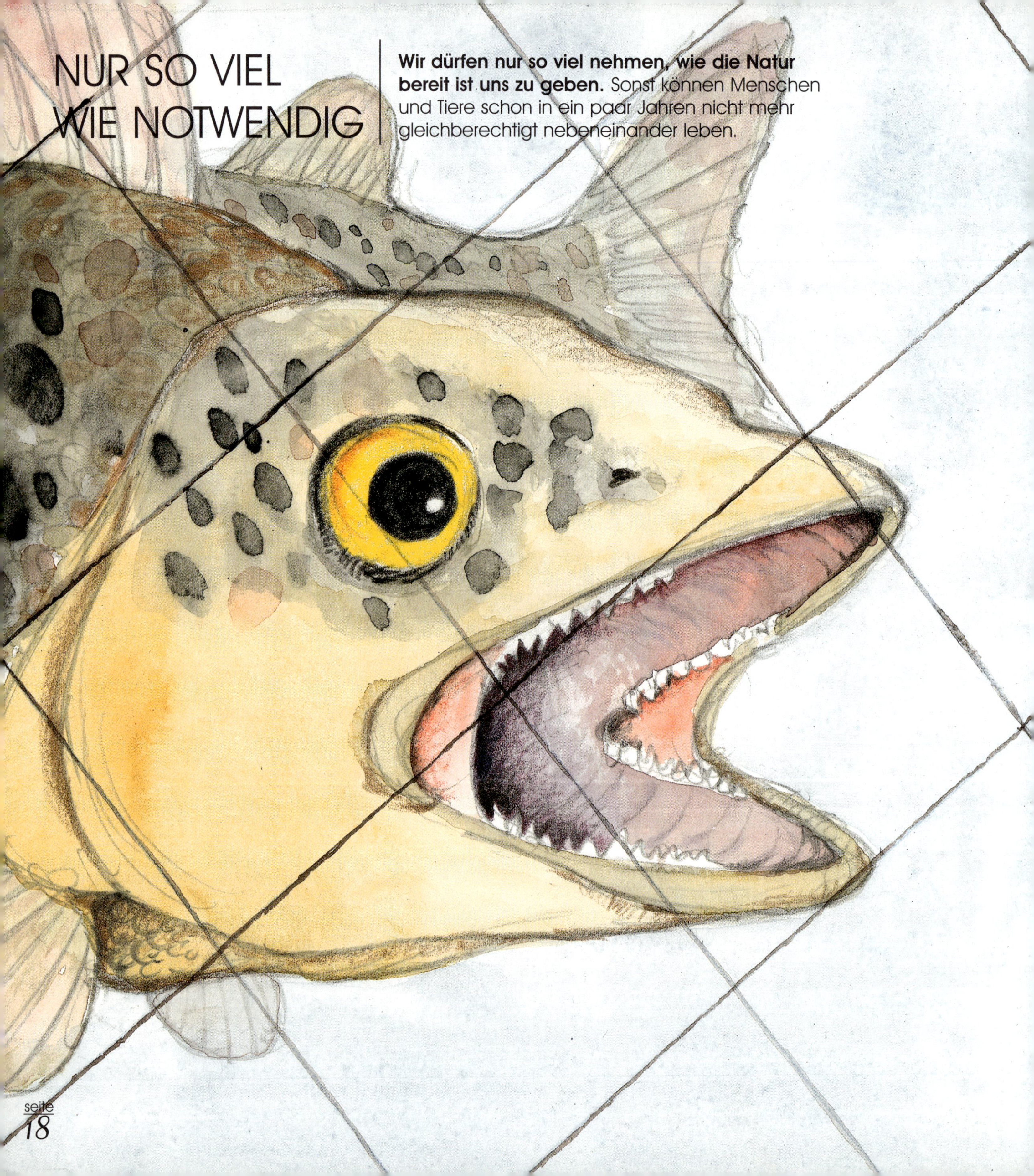

Das Zauberwort heißt Nachhaltigkeit

Habt Ihr dieses Wort schon einmal gehört und wisst ihr, was damit gemeint ist?

Ein einfach zu erklärendes Beispiel geben uns die Bodenseefischer. Die Maschen ihrer Netze sind so groß, dass die jungen, kleinen Fische hindurchschwimmen können. Nur die großen, ausgewachsenen Fische bleiben im Netz und werden dann gefangen. Das ist klug, denn die kleinen Fische haben nun genug Zeit um groß zu werden und Junge zu bekommen. Wenn diese dann selbst groß und alt genug sind, passen auch sie nicht mehr durchs Netz und werden gefangen.

An diesem Beispiel seht ihr, dass wir nur so viel von der Natur nehmen dürfen, wie von allein nachwachsen kann.

JETZT WIRD ES SCHWIERIG !

Versetze dich mal in unseren Molch. Sein Weg zum Lieblingstümpel ist von der neuen Umgehungsstraße abgeschnitten. Weil es sich so ergeben hat, wurden gleich noch Tennisplätze und ein Einkaufszentrum dazugebaut. Der Molch muss nun einen riesigen Umweg machen. Spiel mit und erlebe, was so einem Molch alles passieren kann.

Bastel-Vorbereitung

Bau dir einen Würfel aus Karton!

Zeichne den Grundriss auf eine Vorlage aus dünnem Karton auf. Dann male die Zahlen von 1 bis 6 auf die verschiedenen Felder. Schneide die Form aus, falte sie und klebe sie an den Klebestreifen zusammen.

Gestalte die Spielfiguren selbst!

Suche einfach kleine Steine und denke darüber nach, was du aus ihrer Form machen kannst. Danach bemale sie mit Wasserfarbe nach deiner eigenen Vorstellung.

Spielregeln

1 Bauer Schmidt nähert sich mit seinem neuen Kreiselmäher. Warten, bis die Luft rein ist, einmal aussetzen.

Ups, ein leckerer Käfer! Essenspause und einmal aussetzen!

2 Oje, der Storch! Aus Angst läufst du schnell und darfst 2 Felder vor.

3 Du trinkst von verschmutztem Wasser, bekommst Bauchschmerzen, legst dich unter die Brücke und setzt einmal aus.

Ups, ein leckerer Käfer! Essenspause und einmal aussetzen!

4 Ein Tennisball trifft dich am Kopf. Du musst dich ausruhen und setzt 2 Runden aus.

Ein Auto fährt zu schnell vorbei und du erschrickst. Würfelst du eine 2, 3 oder 6, springst du ein Feld vor ins Ziel, würfelst du eine 1, 4 oder 5, springst du ein Feld zurück.

ZIEL

Du hast es geschafft.
Endlich bist du angekommen. Aber war das nicht ganz schön schwierig und gefährlich? Vor allem für so ein kleines Tier wie unseren Molch!

1
SUPERMARKT
2
3
4
ZIEL
Du hast es geschafft, du bist angekom-men!

DER BODENSEE WIRKT WIE EINE WÄRMFLASCHE

Kein anderer See in unseren Breiten beeinflusst die Landschaft, die um ihn herum liegt, so sehr wie der Bodensee.
Hier seht ihr warum.

ÜBERFLIEGER INFO

Weil es in der Bodensee-region so warm ist, ist der See in den letzten 200 Jahren nur 4 Mal zugefroren.

Wasser speichert Wärme

Dass rund um den Bodensee so viel Obst, Gemüse und Wein angebaut wird, hat einen Grund. Es gibt dort nur wenige, milde Frosttage, die beispielsweise den Obstbaumblüten im Frühjahr kaum etwas anhaben können.

Es ist der See mit seiner riesigen Wassermenge, der die Temperatur in seiner Umgebung beeinflusst. Wasser braucht nämlich lange Zeit, ehe es die Temperatur seiner Umgebung annimmt. Deshalb füllen wir auch Wasser in isolierte Wärmflaschen, weil wir wollen, dass es lange warm bleibt.

So speichert der See im Sommer die Wärme, die er dann im Herbst und im Frühwinter ganz langsam wieder abgibt. Deshalb bildet sich im November und Dezember am Bodensee oft dicker Nebel. Richtig kalt, so ungefähr plus 4 °C, ist er dann erst im Februar. Umgekehrt kühlt der See die Region an heißen Sommertagen, weil sein tiefes Wasser sich nie so stark erhitzt wie die Luft.

Auf der Insel Mainau können wir das alles besonders schön bewundern. Dort wachsen Palmen, Orangen und allerlei Blumen, die im Winter nur dank des milden Bodensee-klimas überleben.

SIEHT DAS NICHT LECKER AUS?

Frisches aus der Bodenseeregion.
Aus der Bodenseeregion kommen viele gute Dinge frisch auf euren Tisch. Habt ihr Lust etwas nachzubacken?

Ihr braucht:
150 g Weizenvollkornmehl
50 g Weizenkleie
2 1/2 Teelöffel Backpulver
1 Messerspitze Zimt
40 g Butter
2 Eier
150 g Ahornsirup
1 großen Apfel

Bodenseeküchle für Kinder

1. Das Mehl, die Weizenkleie, das Backpulver und den Zimt in einer Schüssel vermischen.
2. In der zweiten Schüssel die Butter, die Eier, den Ahornsirup und die Milch cremig schlagen.
3. Die flüssigen Zutaten zu den trockenen geben und alles mit einem großen Löffel kräftig miteinander verrühren.
4. Den Apfel waschen, vorsichtig in kleine Stückchen schneiden und dann in den Teig geben.
5. Den Backofen auf 200 °C vorheizen.
6. Kleine Papierförmchen zu zwei Dritteln mit Teig füllen und 20 Minuten im Ofen backen.
7. Abkühlen lassen und aufessen!

Frisch auf euren Tisch!

Die Bodenseeregion ist ein Schlaraffenland für alles, was lecker und wertvoll ist. Hier wachsen nicht nur saftige Äpfel, knackige Karotten und gesundes Getreide, die Kühe geben auch besonders gute Milch, weil sie viel frisches Gras zu fressen bekommen.

Da das Klima in der Bodenseeregion außerordentlich mild ist, wachsen sogar Dinge, die in unseren Breitengraden eher selten sind, wie z. B. Trauben oder an manchen Orten, wie auf der Insel Mainau, sogar Zitronen!

Wenn ihr oder eure Eltern Produkte aus der Bodenseeregion kauft, dann haben diese keine langen Transportwege hinter sich, sondern kommen ganz frisch in eure Küche. Das schmeckt nicht nur besser und ist gesünder, auch der Umwelt ist damit gedient.

ALLES AUS EINER REGION

Die Bodenseeregion ist ein Schlaraffenland!
Natürlich gibt es noch vieles mehr, das hier wächst und gedeiht. Ein paar Dinge wollen wir euch hier näher beschreiben.

Gemüse

Gemüse wird rund um den See angebaut. Ein Ort, der aber besonders bekannt dafür ist, ist die Insel Reichenau. Dort haben schon die Mönche in früheren Zeiten Obst und Gemüse angebaut. Zwei Drittel der Reichenau dienen dem Gemüseanbau und durch das milde Klima gibt es bis zu vier Ernten im Jahr.

Äpfel, Birnen, Trauben… es ist für jeden etwas Leckeres dabei!

Doch der Anbau von Obst in der Bodenseeregion steht unter großem Druck!

Obst

Die Obstbauern müssen einerseits sehr wirtschaftlich arbeiten, weil die Landwirte aus anderen Ländern ihr Obst und Gemüse teilweise günstiger anbieten können.

Andererseits möchten sie wenig Chemie einsetzen, damit das Obst gesund bleibt und das Grundwasser und der Boden nicht verschmutzt werden.

Milchprodukte

Schon die Römer haben in der Bodenseeregion Rinder gezüchtet. Aus der Kuhmilch stellen die Betriebe heutzutage nicht nur verschiedene Käsesorten her, sondern auch Joghurt, Sahne, Quarkspeisen, Butter und vieles mehr.

Die abschüssigen Hänge der Alpenvorlandschaft eignen sich gut für das Bergvieh, weil es dort zu steil ist, um irgendetwas anzubauen. Die Kühe jedoch fühlen sich dort sehr wohl und lassen sich das saftige Gras gut schmecken.

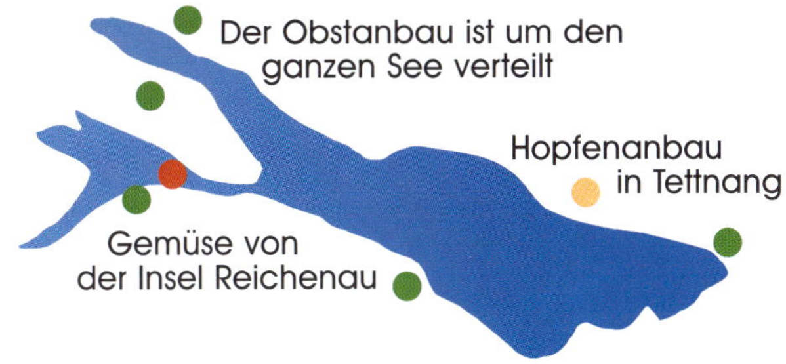

Sicher wundert ihr euch, warum wir hier das Wort Hopfen geschrieben, aber eine Bierflasche abgebildet haben. Hopfen braucht man zum Bierbrauen. Und da der Bodenseehopfen für seine sehr gute Qualität bekannt ist, wird er in die ganze Welt exportiert.

Hopfen

Zuerst muss er aber in sogenannten Hopfengärten wachsen und reifen. Hopfen wächst bis zu 3 m hoch! Im August werden die Hopfenblüten geerntet und danach in einem kühlen Raum gelagert und getrocknet. Erst dann geben sie dem Bier seinen typischen Geschmack.

Weintrauben wachsen nur in Gegenden, in denen die Sonne oft scheint, das Klima mild ist und die Böden fruchtbar sind. Das alles ist in der Bodenseeregion der Fall. Darum bauen die Menschen dort schon seit knapp 2 000 Jahren Wein an.

Wein

Wie gut der Wein wird, hängt davon ab, wieviel Sonne die Weintrauben, die im September geerntet werden, bekommen haben. Nachdem der Winzer – so heißt ein Bauer, der nur Wein anbaut – die Trauben von Hand ‚gelesen' hat, werden sie ausgepresst. Der Saft wird dann in großen Fässern gelagert, bis er gärt und zu Wein wird.

DER RHEIN

Der Rhein ist der bedeutendste Fluss Europas.
Er verbindet die Alpen mit der Nordsee.
Dazwischen liegt der Bodensee.

Der Rhein ist der größte Zufluss des Bodensees, Ober- und Untersee werden von ihm durchflossen. Auf seinem Weg durch den Bodenseeraum vollführt er noch ein Kunststück: Auf 150 Metern Breite stürzt er als Rheinfall bei Neuhausen in der Schweiz über 20 Meter in die Tiefe.

Das sieht sich unser Molch aber lieber aus der Ferne an und wünscht euch viel Spaß und viele schöne Erlebnisse in der Bodenseeregion. Was es alles zu entdecken gibt, seht ihr auf unseren letzten Seiten...

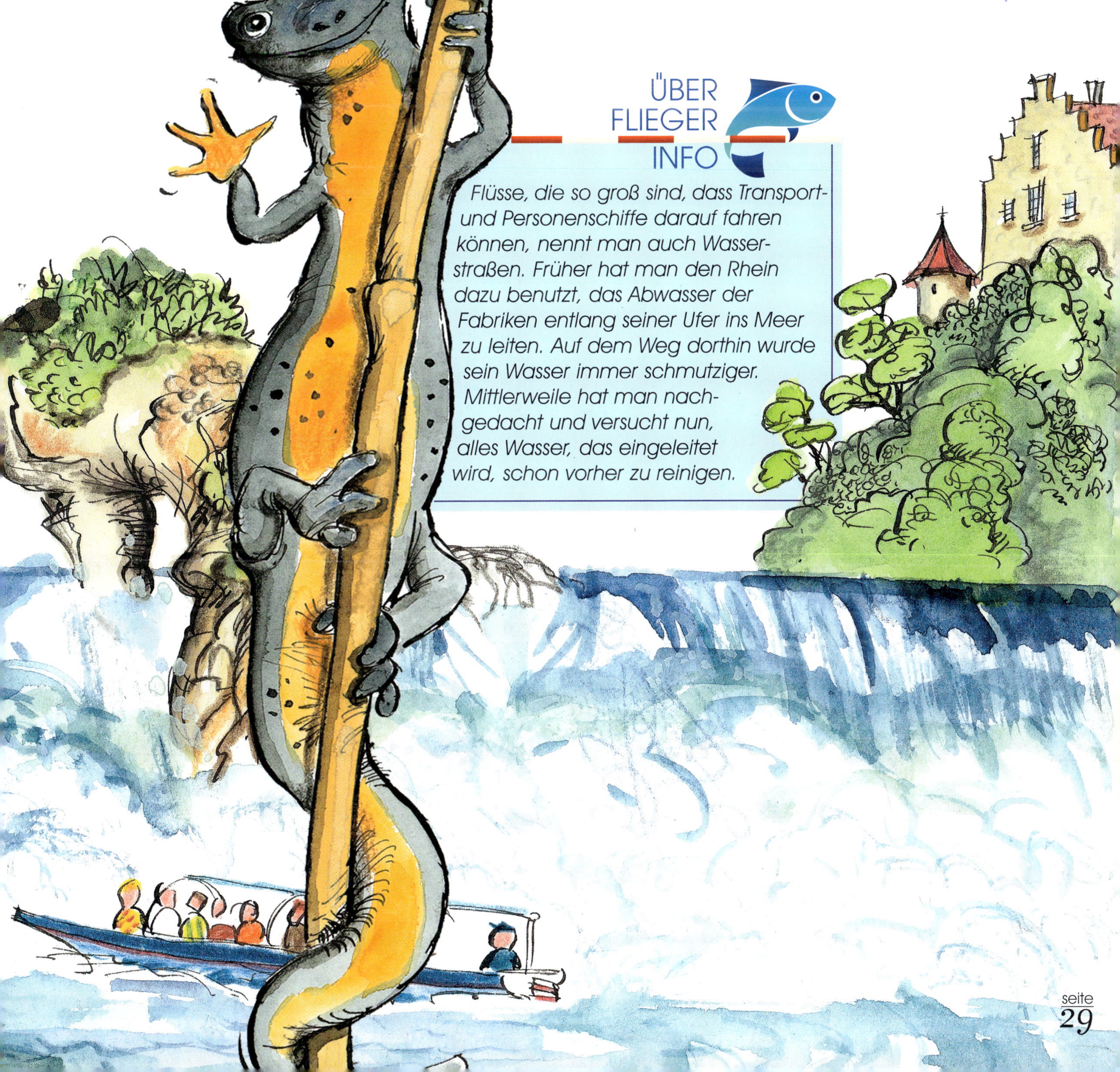

ÜBER FLIEGER INFO

Flüsse, die so groß sind, dass Transport- und Personenschiffe darauf fahren können, nennt man auch Wasserstraßen. Früher hat man den Rhein dazu benutzt, das Abwasser der Fabriken entlang seiner Ufer ins Meer zu leiten. Auf dem Weg dorthin wurde sein Wasser immer schmutziger. Mittlerweile hat man nachgedacht und versucht nun, alles Wasser, das eingeleitet wird, schon vorher zu reinigen.

ABENTEUER AN DER FRISCHEN LUFT

Zeppelinflüge

Wenn ihr viel Geld habt, könnt ihr den Bodensee in einem Zeppelin von oben anschauen. Wenn nicht, geht einfach ins Zeppelinmuseum!

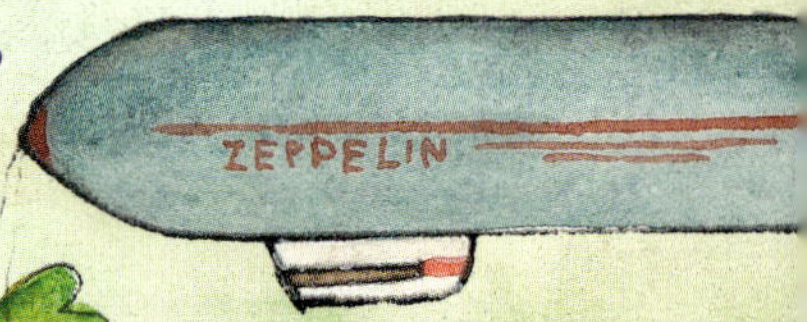

Heuhotels

Rund um den Bodensee gibt es Heuhotels. Das sind Bauernhöfe, auf denen ihr eine Nacht mit der ganzen Familie im Heu schlafen könnt.

Rheinfall

Am Rheinfall stürzt das Wasser 20 Meter in die Tiefe. Auf einer Aussichtsterrasse kann man das sehr schön beobachten.

Fahrradwege

Auf welchem Fahrradweg kann man in kürzester Zeit durch drei Länder radeln? Der Fahrradweg ist 260 km lang und auch für Kinder mit etwas Kondition leicht zu fahren.

Naturparks

In den vielen verschiedenen Naturparks könnt ihr die einheimischen Tiere ganz aus der Nähe anschauen und sie vielleicht sogar beim Fressen beobachten.

Ausflüge in die Berge

Mit verschiedenen Seilbahnen kann man bei einem tollen Ausflug die Alpen oder die Voralpenlandschaft bewundern.